AF296653

LES AMOURS

DE

PROTÉE,

BALET,

REPRESENTÉ POUR LA PREMIERE FOIS

PAR L'ACADÉMIE ROYALE

DE MUSIQUE.

Le Jeudy 16. *Mai* 1720.

Le prix est de ~~trente-cinq~~ *quarante* sols.

Les parolles du Sr. de la fond; Et la musique du ~~Secousse,~~ Sr. Gerbais

A PARIS,

Chez la Veuve de P. R I B O U, seul Libraire de l'Académie Royale
de Musique, Quai des Augustins, à la quatriéme Boutique
en descendant du Pont-Neuf, à l'Image S. Loüis.

MDCCXX.

Avec Approbation & Privilege du Roi.

AVERTISSEMENT.

LE Titre de cette Piece n'annonce point Protée comme un Dieu, forcé par sagesse de se transformer en cent manieres differentes, pour cacher l'avenir aux Mortels ; mais comme un Dieu amoureux, plus occupé de son sort, que de celui des autres, & qui ne se sert du pouvoir qu'il a de changer de figure, que pour les interêts de sa passion.

Cette passion, au reste, n'est point une fiction de ma part ; le Mythologiste au Livre 8. chap. 8e. en parle comme d'un fait, il dit que Protée aima Pomone, Déesse des Jardins, & qu'il épousa Thérone Nymphe de la Mer ; cela seul ne suffisoit pas, à beaucoup prés, pour faire le sujet d'une Piece : aussi avouërai-je que le reste est de mon invention. Comme maître de ma Fable j'ai recherché les idées que j'ai cru les plus Théatrales ; persuadé que le Théatral est la principale partie, & pour dire plus, l'ame du Poëme drammatique.

Le genre de Théatre dont j'ai fait choix a eu le bonheur de plaire chez les Anciens ; il a pareillement réussi chez les Modernes ; & c'est de tout les genres de Théatre celui auquel le Public aime le plus volontiers à se prêter, à cause du plaisir qui en resulte ; il ne s'agissoit que d'y mettre des Idées riantes & nouvelles : J'ai tâché d'en tirer de l'usage que Protée fait de son pouvoir, pour satisfaire sa propre curiosité; j'ai suivi en cela le système de la Mythologie, qui ôte à tous les Dieux, sans exception, la connoissance de l'avenir dans leur propre cause.

On verra dans le Prologue que j'ai personnifié deux Amours. La chose n'est pas sans exemple; & d'ailleurs comme elle est naturelle, la fiction seroit permise; aussi les Poëtes appellent-ils Venus, la mere des Amours; preuve certaine qu'il y en a plusieurs.

A l'égard du stile, j'ai tâché, sans le négliger, de le subordonner aux choses, & de n'en pas faire l'essentiel de mon Ouvrage: Heureux si le Public y peut trouver d'ailleurs de quoi s'en dédomager, & veut bien le recevoir avec indulgence.

ACTEURS & ACTRICES CHANTANS
dans tous les Chœurs du Prologue & du Balet.

COSTE' DU ROI.	COSTE' DE LA REINE.
Mesdemoiselles	*Mesdemoiselles*
Constance.	Limbourg.
Fleury.	Millon.
Rubantel.	La Roche.
Rousseau.	Tettelette.
Saint Gerie.	Person.
Messieurs	*Messieurs*
Morand.	Corbie.
Alexandre.	Lemire-L.
Saint Martin.	Fossier.
Buzeau.	Dautrep.
Deshais.	Duchesne.
Duplessis.	Arteau.
Corail.	Grenet.
Jacier.	

ACTEURS
CHANTANS
DU PROLOGUE.

VENUS,   Mademoiselle Minier.
L'AMOUR CONSTANT, Mademoiselle Person.
L'AMOUR VOLAGE,   Mademoiselle Castelnaud.
UN AMANT CONSTANT,   Monsieur Jacier.
UN AMANT VOLAGE,   Monsieur Murayre.

Chœurs d'Amans Constans.
Chœurs d'Amans Volages.

ACTEURS DANSANS
DU PROLOGUE.

AMANS CONSTANS.
Messieurs Ferrand, Laval, Pierret.
Mesdemoiselles Lemaire, Leroy, Lizarde.
Mademoiselle Guyot.

AMANS VOLAGES.
Monsieur P. Dumoulin, Maltaire, Guyot.
Mesdemoiselles Châteauvieux, Duval, Corail.
Mademoiselle Guyot.

LES AMOURS
DE PROTÉE,
B A L E T.

PROLOGUE.

Le Théatre represente le Séjour de Paphos.

SCENE PREMIERE.

L'AMOUR CONSTANT, *Chœur d'Amans Constans.*
L'AMOUR VOLAGE, *Chœur d'Amans Volages.*

LES AMANS CONSTANS.

Egnez, Amour Constant, rassemblez vos
    attraits
Pour rendre tous les Cœurs fideles.

PROLOGUE.

LES AMANS VOLAGES.

Régnez, volage Amour, faites voler vos traits,
Préparez-nous des Conquêtes nouvelles.

L'AMOUR CONSTANT.

Quittez, quittez ce beau féjour;
Ofez-vous dans Paphos foutenir ma préfence?

L'AMOUR VOLAGE.

Comme vous, de Venus j'y reçûs la naiffance;
Comme vous, j'ai mes droits dans fa brillante Cour.

L'AMOUR CONSTANT.

Non, je ne puis fouffrir qu'un Ennemi partage
Un pouvoir, qu'à moi feul Venus avoit remis.

L'AMOUR VOLAGE.

Votre pouvoir plaifoit au tems des Amadis,
Aujourd'hui je plais davantage.

Plus volages que les Zéphirs,
Mes Sujets ignorent les peines;
Ce font les Jeux & les Plaifirs
Qui forment les nœuds de leurs chaînes.

L'AMOUR CONSTANT.

Je fais le bonheur d'un Amant
Par fa conftance même;
Plus on connoît le prix de la beauté qu'on aime,
Et plus on aime conftament;

Tout Amant fidele eft content.

L'AMOUR VOLAGE.

Du moins il aime à le paroître.

L'AMOUR CONSTANT.

On se fait de mes feux un honneur éclatant,

L'AMOUR VOLAGE.

C'est peut-être un honneur de passer pour constant;
Mais quel avantage de l'être?

L'AMOUR CONSTANT.

Vous qui suivez mes pas, Plaisirs rassemblez-vous;
Contre un fier Ennemi soûtenez ma puissance.

L'AMOUR VOLAGE.

Jeux, qui m'accompagnez, volez, accourez-tous;
Faites triompher l'Inconstance.

S C E N E   II.

TROUPE DE PLAISIRS *de la suite de l'Amour Conſtant.*

TROUPE DE PLAISIRS *de la suite de l'Amour Volage.*

UN AMANT CONSTANT.

COeurs inconſtans, votre erreur eſt extrême;
C'eſt n'aimer rien, que de changer toujours,
   Fixez vos feux ; le Zephire lui-même
Près de Flore aſſidu, paſſe ſes plus beaux jours.

UN AMANT VOLAGE.

   Amans conſtans, briſez vos chaînes,
   Accourez, volez dans nos fers,
   Ils ſont faciles & legers ;
   Pour nos plaiſirs, quittez vos peines.

   Un cœur n'eſt point fait pour ſouffrir
   Des feux, dont il n'eſt pas le maître ;
   Le même jour qui les voit naître
   Ne doit-il pas les voir mourir ?

Amans Conſtans, briſez vos chaînes,
Acourez, volez dans nos fers;
Ils ſont faciles & legers,
Pour nos plaiſirs, quittez vos peines.

Les Amans Volages vont offrir leurs Chaînes de fleurs aux Amans Conſtans; une partie des Amans Conſtans paſſe du côté de l'Amour Volage.

L'AMOUR CONSTANT.

O vous dont je tiens la naiſſance;
Venus, par quel charme fatal
Faut-il voir en des lieux pleins de votre puiſſance
Le triomphe de mon Rival?

Venus paroît dans les Airs.

CHOEUR *de tous les Amans.*

Reine des Cœurs, Fille de l'Onde,
Deſcendez dans ce beau ſéjour;
La Paix, & le bonheur du monde
Vous rapellent dans votre Cour.
Reine des Cœurs, Fille de l'Onde,
Deſcendez dans ce beau ſéjour.

SCENE III.

VENUS, L'AMOUR CONSTANT, L'AMOUR VOLAGE.

VENUS dans son Char.

Que les Ris, & les Jeux que ma presence insipire
    Dans ces lieux ramènent la Paix ;
    Vous, qui ne me quittez jamais,
    Plaisirs, regnez dans mon Empire.

à l'Amour Constant.

Mon Fils, j'entens votre cœur qui soupire,
    On vous enleve vos Sujets ;
Je viens regler vos droits sur tout ce qui respire,
    Vos vœux vont être satisfaits.

L'AMOUR CONSTANT.

Déesse, chaque jour quelqu'Amant se dégage.

L'AMOUR VOLAGE.

A toutes les Beautez on doit un tendre homage.

VENUS.

Hé bien, pour dispenser vos Loix,
Amours, entre vous deux il faut faire un partage.

à l'Amour Constant.

Vous, mon Fils ; joüiſſez du charmant avantage
De bleſſer tous les Cœurs pour la premiere fois ;
Mais conſentez auſſi qu'après leur premier choix,
Ils puiſſent à leur gré ſuivre l'Amour Volage.

Tendres Amours, qu'un ſpectacle pompeux
    Signale ici votre puiſſance ;
    Du caractere de vos feux
    Faites-y voir la difference.

L'AMOUR CONSTANT.

Vertumne, par ſes ſoins, & ſa conſtante ardeur
A ſçu vaincre autrefois une beauté rebelle.

L'AMOUR VOLAGE.

De Protée, à mon gré, je gouvernois le Cœur ;
   Ce Dieu changeant brûla pour elle.

VENUS.

    Amours, il faut en ma faveur
    Que l'Hiſtoire s'en renouvelle.
Plaiſirs, raſſemblez-vous. La Mere des Amours,
Par leur nouveau partage, aſſure les beaux jours.

CHOEUR.

Regnez, belle Venus, tout flate votre gloire,
Vous rendrez aux Amours une éternelle paix ;
    Que Paphos à jamais
    En garde la mémoire.

Fin du Prologue.

ACTEURS CHANTANS
DU BALET.

POMONE, *Déesse des Fruits,*   Mlle Antier.

VERTUMNE, *Amant aimé de Pomone,*   Mr. Lemyre.

THERONE, *Nymphe de la Mer, aimée autrefois de Protée,*   Mademoiselle Tulou.

PROTE'E, *Amoureux de Pomone, infidele à Thérone,*   Monsieur Thevenard.

TRITON, *Confident de Protée,*   Mr. Murayre.

Tritons & Neréïdes.

UN TRITON,

Bergers & Bergeres.

UNE BERGERE,   Mlle Souris.

Jardiniers & Jardinieres.

Habitans du Rivage.

UNE JARDINIERE,   Mlle Souris.

La Scene est dans les Jardins de Pomone.

ACTEURS DANSANS
DU BALET.

ACTE PREMIER.

TRITONS & NEREIDES.

Monsieur D-Dumoulin.
Messieurs Dumoulin-L., Pierret, Laval, P-Dumoulin,
Guyot, Maltaire.

Mademoiselle Prevost.
Mesdemoiselles Châteauvieux, la Ferriere, Corail,
Mangot, Duval, Lemaire.

ACTE SECOND.

BERGERS & BERGERES.

Monsieur D-Dumoulin, Mademoiselle Prevost.

Messieurs Dumoulin-L., Dupré, Pierret, Deszayes,
Maltaire, Guyot.

Mesdemoiselles Duval, Corail, Lemaire, Leroy,
Mangot, Lizarde.

ACTE TROISIE'ME.

JARDINIERS & JARDINIERES.

Meſſieurs Deszayes, Javilliers, Marcel-C.

Meſdemoiſelles Duval, Lemaire, Leroy.

MATELOTS & MATELOTTES.

Monſieur Marcel-L , Mademoiſelle Menés.

Monſieur F-Dumoulin.

Meſſieurs P-Dumoulin, Maltaire, Guyot.

Meſdemoiſelles la Feriere, Corail, Mangot.

LES AMOURS DE PROTÉE,

B A L E T.

ACTE PREMIER.

*Le Theatre represente l'extrémité de l'Empire de Pomone,
sur les bords de la Mer.*

SCENE PREMIERE.

THE'RONE *seule.*

Mour, brise les nœuds d'une fatale
chaîne;
Te feras-tu toujours un plaisir de ma peine?

A

De Protée en ces lieux on attend le retour ;
Vient-il faire à mes feux quelque nouvel outrage ?
Ne puis-je haïr le volage ,
Ou le devenir à mon tour ?
Amour, brise les nœuds d'une fatale chaîne ;
Te feras-tu toujours un plaisir de ma peine ?

Mon cœur , contre l'Ingrat vainement irrité ,
L'accuse, helas ! moins qu'il ne le rappelle ;
Quand on se plaint de l'infidelité ,
On aime toujours l'Infidele.

SCENE II.

POMONE, THE'RONE.

POMONE.

Prenez part aux transports qui regnent dans
mon cœur ,
Nymphe , calmez l'excès de votre inquiétude.
Pourquoi chercher la solitude ?
Elle irrite votre langueur.

THERONE.

Vous triomphez , belle Pomone ,
Vertumne vous aime toujours.

POMONE.

Que ne puis-je vous voir, trop fenfible Thérone,
  Plus heureufe dans vos Amours?

THE'RONE.

L'Amour n'a pour vous que des charmes;
  Il n'a que des rigueurs pour moi.

Avec plaifir, vous lui rendez les armes:
  Avec regret, j'obéïs à fa Loi;

L'Amour n'a pour vous que des charmes;
  Il n'a que des rigueurs pour moi.

POMONE.

De mon deftin j'aurois tort de me plaindre,
  Vertumne répond à mes vœux.
Vous feule dans ma Cour vous connoiffez nos feux,
L'hymen va nous unir, rien ne peut nous contraindre.
  L'Amour, dont vous vous plaignez tant,
Pour vous, belle Thérone, en pourra faire autant.

THE'RONE.

Non, Protée eft toujours le même;
Changeant d'Objet à chaque inftant:
Non, jamais il ne fut conftant
Que dans fon inconftance extrême.

POMONE.

Sur son cœur vous avez des droits,
Qui le rameneront à la fin sous vos loix.

Plus un volage Amant dispute la victoire,
Plus le triomphe est éclatant ;
L'Amour met sa plus haute gloire
A fixer un Cœur inconstant.

Belle Nymphe, pour vous l'amitié m'interesse,
Votre Amant sur ces bords va paroître aujourd'hui,
Je veux l'entretenir du trouble qui vous presse.

THERONE.

Vertumne vient ; je vous laisse avec lui.

En voyant mon Ingrat, cachez bien ma foiblesse.

SCENE III.

POMONE, VERTUMNE.

VERTUMNE.

BElle Déesse, enfin m'est-il permis
De publier que mon cœur vous adore ?
A vos ordres toujours soumis,
J'ai caché, malgré moi, le feu qui me dévore ;
Je touche au doux moment que l'Hymen m'a pro-
mis ;
Faut-il long-tems me taire encore ?

POMONE.

D'un amour si discret,
Vertumne, recevez la juste récompense.
Pomone aujourd'hui vous dispense
De garder un plus long secret.

VERTUMNE.

Après une contrainte austere,
Laissons avec transport éclater nos soupirs ;
Si quelquefois l'Amour nous oblige au mystere,
C'est pour redoubler nos plaisirs.

A iij

POMONE.

Si toujours l'ardeur la plus belle
Peut avoir des attraits pour vous;
Ah ! Quel cœur sera plus fidele,
Et quels Amants feront plus fortunez que nous?

VERTUMNE.

Si votre bonheur peut dépendre
De ma constance & de ma foi;
Ah ! Quel cœur fut jamais plus tendre,
Et quel Amant sera plus fidele que moi ?

ENSEMBLE.

Tendre Amour, qu'il m'est doux de publier ta flâme ?
Je te dois les transports qui regnent dans mon ame;

POMONE.

Aux Habitans des lieux, où je donne des Loix,
Hâtez-vous d'annoncer mon choix.
Dans mes jardins, que notre Hymen s'apprête;
Je vous laisse le soin d'en ordonner la fête.

Je veux attendre ici Protée à son retour,
Lui parler de Thérone, & lui vanter ses charmes;
J'espere de la Nymphe adoucir les allarmes.

VERTUMNE.

Je vais tout disposer pour cet auguste jour.

SCENE IV.

POMONE, PROTE'E.

*On entend un bruit formé par les Conques
des Tritons.*

POMONE.

QU'entens-je ? c'est Protée, & sa brillante
Cour.
Son Char, que l'œil ne suit qu'à peine,
Semble voler sur la liquide Plaine.
Les Tritons, par respect, se rangent à l'entour.

Protée descend sur le rivage.

POMONE *continuë.*

Quel dessein en ces lieux aujourd'hui vous rameine ?
Protée a-t'il passé le vaste sein des Mers,
Pour former sur ces bords quelque nouvelle chaîne,
Ou pour chercher ses premiers fers ?

PROTE'E.

Quand le Destin m'appella dans la Crete,
J'eus peine à m'arracher de ce brillant séjour.
Dévoré d'une ardeur secrete,
J'emportai dans mon sein tous les feux de l'Amour.

Le même objet fur ces bords me rapelle,
Ah ! Déeſſe, jugez de ma felicité,
La Mere d'Amour eſt moins belle,
Et la Reine des Cieux a moins de majeſté.

POMONE.

Thérone doit ſécher la ſource de ſes larmes;
Dans ce portrait fidele, où brillent tant d'attraits,
Vous venez d'exprimer ſes traits.
Ah ! que votre retour va calmer ſes allarmes.

PROTE'E.

De la beauté, dont mon cœur ſuit les loix,
Mes Sujets par leurs Jeux vont celebrer les charmes;
Aux Tritons.
Que mon amour s'explique par vos voix,
Que l'Univers apprenne à qui je rends les armes.

Pour ſervir mon amour, paroiſſez ſur ces bords,
Tritons, ſortez de vos Grottes humides;
Et vous, par vos charmans accords,
Secondez mes tranſports,
Aimables Néréides.

SCENE V.

SCENE V.

LES TRITONS, LES NEREIDES, PROTE'E, POMONE, TRITON.

On danse.

TRITON *Ordonnateur de la Fête.*

CElebrez les plus doux attraits,
Chantez leur nouvelle victoire ;
Que leur éclat brille à jamais,
Jufqu'aux Cieux élevez leur gloire.

LE CHOEUR *des Tritons repete.*

Celebrons les plus doux attraits,
Chantons leur nouvelle victoire ;
Que leur éclat brille à jamais,
Jufqu'aux Cieux élevons leur gloire.

On danse.

TRITON.

Regne, Amour, dans ce beau féjour,
Sur ce rivage,
Reçois notre hommage.
Regne, Amour, dans ce beau féjour,
Pour nos plaifirs, viens raffembler ta Cour.

B

Jeunes cœurs, laiſſez-vous charmer,
Les Dieux vous ont fait pour aimer,
Ozeroient-ils vous en blâmer ?
Comme vous on les voit s'enflâmer.
Leur tendreſſe
Vous dit ſans ceſſe,
Loin de réſiſter,
Qu'il faut les imiter.

On danſe.

PROTE'E.

Tout doit en ces lieux rendre hommage
A l'aimable Objet que je ſers.
Tendres Oyſeaux, ſous ce feüillage,
Ranimez vos charmans Concerts.
Arbres épais, redoublez votre ombrage,
Volez, Zéphirs, & parfumez les airs.
Tout doit en ces lieux rendre hommage
A l'aimable Objet que je ſers.

TRITON à *Pomone.*

Déeſſe, joüiſſez d'une douce victoire,
L'Amour vous préparoit un triomphe charmant.

LE CHOEUR.

Déeſſe, joüiſſez d'une douce victoire,
L'Amour vous préparoit un triomphe charmant.

TRITON.

A l'aimable Pomone il refervoit la gloire,
    De fixer un volage Amant.

LE CHOEUR.

A l'aimable Pomone il refervoit la gloire,
    De fixer un volage Amant.

POMONE *fe leve.*

Qu'ai-je entendu ? grands Dieux ! la fidele Thérone
    N'eft dont pas l'objet de vos chants ?

PROTE'E.

Non. Les attraits les plus touchants
Cédent aux attraits de Pomone.

J'aimois Thérone, & vivois fous fa loi.
Par l'éclat de vos yeux je me laiffai furprendre ;
    Ah ! fi je lui manque de foi,
A vos charmes vainqueurs les fiens doivent s'en
    prendre.

POMONE.

Protée, oubliez-vous de fi tendres amours ?
Eteignez une ardeur qui vous rend fi coupable,
    Thérone vous aime toujours,
    Et Thérone eft toujours aimable.

PROTE'E.

Pour elle, de l'amour j'ai reſſenti les coups,
Mes yeux même aujourd'hui la trouvent encor belle.
Mais mon cœur déſormais ne me dit rien pour elle ;
　　Il ne me parle que pour vous.

POMONE.

Pour un autre que vous ma tendreſſe eſt extrême.
Vous en laiſſer douter, ce ſeroit vous trahir ;
　　Protée en vain veut que je l'aime,
　　L'Amour veut ſe faire obéïr.

SCENE VI.

PROTE'E, TRITON.

PROTE'E.

POur un autre que moi la Déeſſe eſt ſenſible !
Triton, l'ai-je bien entendu ?
A l'Amour ſi longtems ſon cœur inacceſſible,
S'eſt donc enfin rendu ?
Ciel ! quel eſt cet Amant, dont la tendre conſtance
A ſurmonté ſa réſiſtance ?

TRITON.

On ne connoît point ſon Vainqueur.

PROTE'E.

Ah ! cette incertitude augmente mon malheur.

TRITON.

Avec cet air rêveur, qu'inſpire la tendreſſe,
Vertumne quelquefois ſe rend en ces beaux lieux,
N'aimeroit-il point la Déeſſe ?

PROTE'E.

Vertumne ſeroit-il ce Rival trop heureux ?
Ah ! je veux éclaircir un doute qui me bleſſe.

B iij

TRITON.

Vous avez offenfé l'Amour,
C'eft un crime que l'inconftance.
Ce Dieu, par un jufte retour
S'eft vangé pendant votre abfence.
Vous avez offenfé l'Amour;
L'Amour fe fouvient de l'offence.

PROTE'E.

De quel trouble cruel mon cœur eft agité ?
Vertumne, mon Rival! Ciel ! feroit-il poffible !.....
Sui-moi, Triton, je fçai le fecret infaillible
De pénétrer la verité.

Fin du premier Acte.

ACTE SECOND.

Le Théatre represente un Bois consacré à Pomone, où elle a coutume de recevoir en hommage les prémices des Fruits de la Terre. Tout est préparé pour cette celebrité annuelle. On a élevé un Thrône à la Déesse.

SCENE PREMIERE.

PROTE'E sous la figure de Vertumne, TRITON.

TRITON.

Ous avez de Vertumne emprunté la figure ;
  Quel œil n'y seroit pas trompé ?
D'un si prompt changement Triton même
  est frapé.
Il n'apartient qu'à vous d'imiter la nature.

PROTE'E fous la figure de Vertumne.

Incertain de mon fort, comme les autres Dieux,
Faut-il que le Deftin le dérobe à mes yeux ?
Sous cent formes Protée affecte de paroître.
Tu fçais comme j'échape aux Mortels curieux.
Pour trouver un Rival, que je crains de connoître;
Devrois-je me fervir d'un don fi précieux ?

Cruel Amour, que tes traits font à craindre !
      Tu me fais adorer tes fers.
      Ton pouvoir me réduit à feindre;
Viens me juftifier aux yeux de l'Univers.

TRITON.

A la crainte aujourd'hui votre cœur s'abandonne.
Tremblez-vous d'éclaircir un myftere fatal ?

PROTE'E fous la figure de Vertumne.

Je fçaurai fi Vertumne eft aimé de Pomone.

TRITON.

Pour peu que vous plaifiez, il eft votre Rival.

PROTE'E fous la figure de Vertumne.

Quelle épreuve pour un cœur tendre !
Ah ! que je crains d'en trop aprendre !

TRITON.

Lorfque l'Amour à notre ardeur
A formé des deffeins contraires,
Il vaut mieux garder notre erreur,
Que de pénétrer fes myfteres.

PROTE'E.

PROTE'E *fous la figure de Vertumne.*

Ah! fi je m'aperçois que Vertumne en ce jour
Soit l'Objet de fon tendre amour,
Si leurs cœurs font d'intelligence,
J'ai déja, cher Triton, médité ma vangeance.

C'eft dans cet aimable féjour
Que fur un Trône, orné des dons de la Déeffe,
Elle reçoit les vœux des Bergers d'alentour,
Pour chanter fes bienfaits, tout un Peuple s'em-
preffe.

TRITON.

Vous allez voir briller fa Cour;
On s'affemble dans ce Bocage.

PROTE'E *fous la figure de Vertumne.*

De fes propres préfens on va lui faire homage.
Va m'atendre, Triton, vers ce prochain détour.
Je vais fonder le cœur de l'Objet qui m'enchante.

TRITON.

Daigne l'Amour répondre à votre attente.

C

SCENE II.

PROTE'E seul, sous la figure de Vertumne.

AMour, viens seconder mes vœux ;
De l'Objet que j'adore excite la colere.
 Ah ! si tu veux me rendre heureux,
 Fais que je puisse lui déplaire.

Tu m'as fait ressentir le tourment sans égal
De trouver à mes feux la Déesse rebelle.
  Sous la figure d'un Rival,
Aurois-je le malheur de me voir aimé d'elle ?

 Amour, viens seconder mes vœux ;
De l'Objet que j'adore excite la colere.
 Ah ! si tu veux me rendre heureux,
 Fais que je puisse lui déplaire.

  La Déesse vient en ces lieux ;
Ah ! de cet entretien que n'ai-je pas à craindre ?
 Il la regarde.
Que vois-je ? un doux regard s'échape de ses yeux ;
  Je sens ma voix prête à s'éteindre.

SCENE III.

POMONE, PROTE'E *sous la figure de Vertumne.*

POMONE.

QUoi ? Vertumne , c'est vous ? ah ! qu'un si
    prompt retour
M'est un garant bien doux de votre tendre amour...
    Mais quel trouble imprevû vous presse ?
    Quelle est cette sombre tristesse ?
Vos regards inquiets glacent mon cœur d'effroi.

PROTE'E *sous la figure de Vertumne.*

Ciel ! que dois-je lui dire ? Amour inspire-moi.
    Je crains les Jeux qu'on vous aprête.
    La gloire, hélas ! dans ce moment
Peut vous faire oublier & l'Amour & l'Amant.
Votre cœur trop sensible aux honneurs de la Fête...

POMONE.

Croyez-vous que ces soins partagent mon amour ?
Mon cœur songe sans cesse à l'objet qui m'adore.
Vertumne , vous seriez éloigné de ma Cour ,
    Que je vous y verrois encore.

C ij

PROTE'E *fous la figure de Vertumne.*
à part.

Qu'entens-je? ah! quels funeftes coups
Frapent mon cœur jaloux.

POMONE.

Vous murmurez, Vertumne, expliquez ce myftere.
Que mon cœur en eft allarmé!
Vous détournez les yeux … Ai-je pû vous déplaire?
Ah! fi Pomone vous eft chere,
Vous en êtes toujours aimé.

PROTE'E *fous la figure de Vertumne.*

Toujours aimé! Ciel! je m'égare.
Déeffe.... Ah! quelle horreur de mon ame s'em-
pare?

POMONE.

Vous me parlez d'horreur dans ces momens heu-
reux,
Où tout femble annoncer le bonheur de nos feux,
N'aurois-je plus pour vous les mêmes charmes?
Ah! calmez vos vaines allarmes.

Tout autre bien que votre amour,
Pour mon cœur n'a rien qui l'enchante.
Les Jeux qu'on m'aprête en ce jour,
Sont faits pour la Déeffe, & non pas pour l'Amante.

Quoi ? vous craignez encor de rencontrer mes
yeux ?

PROTE'E *sous la figure de Vertumne.*

Ciel ! que vous puniffez més défirs curieux.

POMONE.

Ah ! je vois d'où naît votre peine ,
Votre cœur allarmé , de Protée eft jaloux ,
Vous fçavez fon amour , perdez un vain couroux ,
Raffurez-vous , il gémit fous ma chaîne ;
Oüi , je veux l'accabler de rigueurs & de haine ;
Me puniffe l'Amour , fi je l'aime jamais ,
Cher Vertumne , croyez le Serment que j'en fais.

PROTE'E *sous la figure de Vertumne.*

C'en eft trop. Quelle violence !
Ne differons plus ma vangeance.

POMONE.

J'aime à voir les tranfports de ce cœur agité.

Qu'un Amant jaloux a de charmes !
Qu'il flate notre vanité !
Ses foupçons , fes vives allarmes ,
Sont les garants de fa fidelité.

PROTE'E sous la figure de Vertumne.

Helas ! que je vous plains, trop sensible Pomone !
Vous méritiez un plus fidele Amant.
Oubliez ce Vertumne, à vos yeux si charmant,
L'Ingrat cede au pouvoir des appas de Thérone.

Quel cœur peut résister à ses divins attraits ?
Venus même est moins adorable....
Mais, que dis-je ? & quels sont mes transports in-
discrets ?
Je vois que ce coup vous accable,
Ah ! si mon cœur commet le plus grand des for-
faits,
Accusez-en l'Amour, lui seul en est coupable.

S C E N E IV.

P O M O N E *seule*.

O Ciel ! dois-je en croire mes yeux ?
Il me fuit, l'Infidele ! ô trahiſon fatale !
Vertumne à ma douleur m'abandonne en ces lieux :
Et pour comble de maux, Thérone eſt ma Rivale.

Eclatez, tranſports furieux ;
Vangeons-nous, perdons qui m'offenſe.
Regnez, implacable Vangeance,
Regnez dans ces funeſtes lieux.

On entend un bruit de Muſique champêtre.

Qu'entens-je ? déja l'on s'aprête
A m'offrir de triſtes honneurs,
Que ne puis-je éviter une importune Fête !...
Mais ma gloire, mon rang, mon devoir, tout
m'arête.
Néceſſité cruelle, atachée aux grandeurs ! ...
Differons ma vangeance, & contraignons mes
pleurs.

SCENE V.

POMONE *monte sur le Trône qui lui a été préparé.*

POMONE, *Troupe de* BERGERS *& de* BERGERES
*qui viennent offrir à la Déesse les Prémices des Fruits
de la Terre.*

CHOEUR.

REcevez, charmante Déesse,
L'homage de nos Fruits, & celui de nos cœurs.

UNE BERGERE.

Que jamais l'Amour ne vous blesse
Que pour vous combler de faveurs;
Que tout cede à vos yeux vainqueurs:
Regnez Plaisirs, fuyez Tristesse.

CHOEUR.

Recevez charmante Déesse ,
L'homage de nos Fruits, & celui de nos cœurs.

UNE BERGERE.

Votre beauté soumet tout l'Univers;
Est-il un cœur qui ne porte vos fers?
Tout vous adore.
Venus & Flore
Ne brillent pas
Où vous portez vos pas.

Par

LA BERGERE.

Par vos beaux yeux vous captivez l'Amour;
Ce Dieu se plaît dans votre aimable Cour.
Tout vous adore.
Venus & Flore
Ne brillent pas
Où vous portez vos pas.

On danse.

UNE AUTRE BERGERE *à Pomone.*

Que Vertumne, toujours fidele,
Brûle pour vous d'un feu constant.

LE CHOEUR.

Que Vertumne, toujours fidele,
Brûle pour vous d'un feu constant.

LA BERGERE.

Et, s'il se peut, qu'à chaque instant
Il vous trouve encore plus belle.

LE CHOEUR.

Et, s'il se peut, qu'à chaque instant
Il vous trouve encore plus belle.

D

POMONE *à ce nom de Vertumne,*
interompt la Fête.

Je ne puis plus longtems contraindre ma douleur.
Finiſſez vos Concerts, ils déchirent mon cœur.
Laiſſez-moi me livrer à mon inquiétude,
J'aurai ſoin de votre bonheur ;
Mais le trouble où je ſuis veut de la ſolitude.

Je vois Thérone… Ah ! je frémis d'horreur.

SCENE VI.

POMONE, THE'RONE.

THE'RONE.

QU'ai-je entendu ? Quel couroux vous agite ?

POMONE.

Perfide ! ofes-tu bien te montrer à mes yeux ?
Quoi ? viens-tu braver en ces lieux
Un cœur , que ta préfence irrite ?

THE'RONE.

Qui peut donc exciter ces tranfports furieux ?

POMONE.

Tu me trahis, & Vertumne t'adore.
Ah ! je te punirai du feu qui le dévore.

THE'RONE.

Quand vous donnez vos foins à calmer mon tour-
    ment,
J'oferois vous trahir ! ah ! le pouvez-vous croire ?
Auprès de vos Jardins j'ai quitté votre Amant ,
Du foin de votre Hymen il fait toute fa gloire ,
    Vos attraits à chaque moment
    S'offroient en foule à fa memoire ,
Et mille fois fa bouche en vous nommant
    S'aplaudiffoit de fa Victoire.

D ij

POMONE.
Son cœur démentoit ses discours.
THE'RONE.
Quoi ? m'auroit-il caché de perfides amours ?
POMONE.
Son adresse à feindre est extrême :
Mais de sa trahison j'ai vû tous les détours ;
Et j'ai forcé l'Ingrat à m'avoüer lui-même,
Qu'infidele à ses feux, c'est vous seule qu'il aime.
THE'RONE.
Déesse, suspendez ces mouvemens jaloux ;
Dès ce jour je veux le confondre.
Mon cœur est à Protée ; & s'il faut devant vous
Fraper votre Inconstant des plus sensibles coups,
Mon devoir, & l'Amour peuvent vous en répondre.

Fin du second Acte.

ACTE TROISIÉME.

*Le Theatre represente les Jardins de Pomone, que Vertumne
a pris soin d'embellir lui-même. Les Arbres sont entourez
de Guirlandes de fruits, auxquelles on a suspendu des
Cartouches où sont les chiffres de Pomone, & de Vertumne.*

* *

SCENE PREMIERE.

VERTUMNE *tout éperdu.*

Uel coup sensible, ô Ciel! pour un amour
    si tendre!
La Déesse me fuit, & ne veut plus m'en-
    tendre.
Quels terribles regards elle a lancé sur moi!
D'où vient qu'en lui parlant elle a frémi d'effroi?

D iij

        Lieux, embellis par l'Amour même;
Arbres, que j'ai parez des plus brillantes fleurs;
Beaux Jardins, où l'Hymen devoit unir nos cœurs,
Perdez tout votre éclat, j'ai perdu ce que j'aime.

        Quel est mon désespoir affreux!
L'aimable Objet qui regne dans mon ame
        A pour jamais éteint sa flâme,
Et je me sens toujours brûlé des mêmes feux.

        Lieux, embellis par l'Amour même;
Arbres, que j'ai parez des plus brillantes fleurs;
Beaux Jardins, où l'Hymen devoit unir nos cœurs,
Perdez tout votre éclat, j'ai perdu ce que j'aime.

Ah! cherchons la Déesse. Amour, à ses genoux
        Viens avec moi désarmer son couroux.

                              Il sort.

SCENE II.

PROTE'E *sous la figure de Vertumne*, THE'RONE.

THE'RONE.

Vertumne, cessez de me suivre.

PROTE'E *sous la figure de Vertumne*.

Pour un volage Amant voulez-vous toujours vivre?

ENSEMBLE.

Le faux Vertumne.
{ Belle Nymphe, cedez à ma fidele ardeur,
   L'Amour vous assure mon cœur.

Thérone.
{ Eteignez, éteignez une infidele ardeur,
   L'Amour vous refuse mon cœur.

THE'RONE.

Vertumne, cessez de me suivre.

PROTE'E *sous la figure de Vertumne*.

Pour un volage Amant, voulez-vous toujours vivre?

THE'RONE.

La Déesse en ces lieux se livre au désespoir ;
   Vous devez tout à sa tendresse.

PROTE'E *sous la figure de Vertumne*.

Ne rapellez point mon devoir,
Je dois tout à Thérone, & rien à la Déesse.

THERONE.

Protée aime Pomone, & malgré ses amours,
C'est pour vous seul qu'elle est encor sensible.

PROTE'E *sous la figure de Vertumne.*

Elle hait donc Protée ? ô Ciel ! est-il possible ?

THERONE.

Elle veut le haïr toujours.

PROTE'E.

Que ce sincere aveu m'offense,
Achevons de goûter une douce vangeance.

L'Amour dégage mes sermens ;
Ce Dieu veut que Vertumne abandonne Pomone ;
Il vous devoit, belle Thérone,
Le plus fidele des Amans.

THE'RONE.

Perdez une vaine esperance,
Et reprenez vos premiers nœuds,
J'aime toujours Protée, il outrage mes feux ;
Mais l'Ingrat sur mon cœur garde encor sa puis-
sance.

PROTE'E.

Belle Nymphe, que dites-vous ?
Quoi, vous pouriez l'aimer encore ?

THE'RONE.

Peut-il douter que mon cœur ne l'adore ?
Quand je le vois, je sens expirer mon couroux.

Amour

Amour, fais-lui sçavoir mes mortelles allarmes.
Peins-lui les maux que je ressens ;
Portes-lui mes tristes accens ;
Il ne sçait pas combien il m'a coûté des larmes.

PROTE'E *sous la figure de Vertumne.*
à part.
Que je la plains ! Mais quel tendre retour
Entre-elle, & la Déesse aujourd'hui me partage ?
Devrois-je, helas ! à tant d'amour
Oposer un cœur si volage ?

Suivons la ... Je prétens l'éprouver davantage.
Thérone, où fuyez-vous ?

THERONE.
Où vous ne serez pas.

PROTE'E.
Ah ! je suivrai par tout vos pas.
THERONE.
Vertumne, cessez de me suivre,
PROTE'E.
Pour un volage Amant voulez-vous toujours vivre ?

E

SCENE III.

POMONE *voyant le faux Vertumne courir après Thérone.*

ENfin, j'en puis croire mes yeux ;
On brave ma colere, on m'outrage en ces lieux,
Vertumne suit Thérone, ils sont d'intelligence,
Devois-je si longtems differer ma vangeance ?

Jaloux transport, noire fureur,
Venez, je vous livre mon cœur.

Que de tourmens ! Non, rien ne les égale,
Thérone me trahit, ô Dieux !
Ne perdons plus des momens précieux,
Je veux moi-même immoler ma Rivale.

Jaloux transport, noire fureur,
Venez, je vous livre mon cœur.

SCENE IV.

POMONE, *le veritable* VERTUMNE.

POMONE.

JE voi l'Ingrat, ô Ciel! quel deſſein le rappelle?
　　N'approche pas cœur infidele.
VERTUMNE *ſe jette aux pieds de* **Pomone.**
Votre couroux m'accable dans ce jour,
　　Je veux le croire légitime,
Mais du moins par pitié, ſi ce n'eſt par amour,
　　Déeſſe apprenez-moi mon crime.

POMONE.

　　Tu feins encor à mes genoux
D'ignorer les raiſons de mon juſte couroux;
Peut-on porter ſi loin une coupable audace?
Crois-tu que de mon cœur ta trahiſon s'éface?
Va, Thérone t'attend, cours, vole ſur ſes pas.

VERTUMNE.

Thérone?

POMONE.

Diras-tu que tu ne l'aimes pas?

VERTUMNE.

Qu'entens-je? moi l'aimer? Qui vous l'a dit Déeſſe?
Ah! contre une impoſture...

E ij

POMONE *fierement.*

                        Ozes-tu me parler?

à part.

        Prétent-il me diffimuler
        Son indigne & lâche tendreffe?
            VERTUMNE.
Voyez dans vos Jardins ces Couronnes de fleurs,
Ces Chiffres où mon nom fe mêle avec le vôtre;
J'ai préparé ces lieux, témoins de mes ardeurs:
Quand l'Hymen & l'Amour doivent unir nos
        cœurs,
        Helas! puis-je en aimer un autre?
            POMONE.
Tu n'as pû réfifter à fes divins attraits,
    Tu me l'as trop dit, ton cœur l'aime.
        VERTUMNE *tout étonné.*
O Ciel! ma furprife eft extrême!

    Mon cœur qui ne changea jamais
    Se feroit-il trahi lui-même?

                        Thérone paroît.
Ah! j'aperçois Thérone, elle feule à vos yeux
Peut me juftifier d'un foupçon odieux.....

SCENE V.

POMONE, THE'RONE, VERTUMNE.

VERTUMNE à *Thérone*, *avec empreſſement.*

THérone, ai-je jamais démenti ma tendreſſe?
Ai-je brûlé pour vos appas?
Parlez, raſſurez ma Déeſſe....

THE'RONE.

Moi, te juſtifier? ne le préſume pas
Volage Amant, Cœur infidele,
Oüi, tu brûles pour moi d'une ardeur criminelle.

VERTUMNE.

Amour, j'oſe aujourd'hui défier ta rigueur;
De quel coup plus cruel peux-tu fraper mon
cœur?

POMONE *tendrement.*

Ton embaras ne ſert qu'à te confondre.
Hélas! que pourrois-tu répondre?

VERTUMNE à *Thérone.*

Nymphe, je l'avoüerai, frapé d'étonnement,
Je veux en vain pénétrer ce myſtere,
Eſt-ce un pouvoir divin? eſt-ce un enchantement?
Pourquoi m'imputez-vous un crime imaginaire?

E iij

THERONE.

N'ai-je pas rejetté tes vœux ?
Hé quoi ! dans ces jardins, presque en ce moment
            même,
        Quand tu me parlois de tes feux ,
Ne t'ai-je pas nommé le volage que j'aime ?
Tu sçais trop que mon cœur, fidele à ses sermens,
        Dédaigne les autres Amants.
Pourquoi donc t'aplaudir des troubles que tu causes ?
Tu ne réponds plus rien. Démens-moi , si tu l'oses.

POMONE.

    Amour , brise un fatal lien ,
L'Ingrat méritoit-il un cœur , comme le mien ?

VERTUMNE.

Témoin des horreurs que j'endure ,
O Jupiter ! je n'ai recours qu'à toi ;
    Pere des Dieux exauce-moi ,
Justifie une ardeur si fidele , & si pure.

SCENE VI.

POMONE, THE'RONE, VERTUMNE,
PROTE'E.

PROTE'E *sous sa propre figure de Protée.*

Rassurez vos esprits trop longtems agitez ;
Vertumne, vous Déesse, & vous Nymphe, écoutez:
 L'Amour me force à rompre le silence ,
  Sortez, sortez de votre erreur,
De vos troubles enfin, reconnoissez l'Auteur ;
De Vertumne , Protée avoit pris l'aparence,
  A Thérone je rends mon cœur,
  Je suis touché de sa constance.

POMONE.

Ah ! deviez-vous ainsi traverser mes amours ?

PROTE'E.

J'ai voulu voir si vous étiez fidele.

THE'RONE.

Pourquoi prendre avec moi cette forme nouvelle ?

PROTE'E.

J'ai voulu voir si vous m'aimiez toujours.

Que Vertumne fe raffure,
Nymphe, comblez mon bonheur,
Si j'ai changé de figure,
Je ne change plus de cœur.

TOUS QUATRE.

Amour lance tes traits, Hymen répands tes flâmes,
Regnez enfemble à jamais fur nos ames.

VERTUMNE.

Habitans des Jardins,

PROTE'E.

Habitans de ces Bords,

ENSEMBLE.

Venez, foyez témoins de nos heureux tranfports,

SCENE DERNIERE.

SCENE DERNIERE.

TROUPE DE JARDINIERS ET DE JARDINIERES, TROUPE D'HABITANS DU RIVAGE, ET LES ACTEURS DE LA SCENE PRE'CE'DENTE.

CHOEURS.

Goutez à chaque inſtant une douceur nouvelle,
Tendres Epoux vivez en paix,
Que votre ardeur ſoit éternelle,
Que les plus doux plaiſirs couronnent vos ſouhaits,
Et que de ſes faveurs l'Amour comble à jamais
Une flâme ſi belle.

On danſe.

UNE JARDINIERE.

Dans ces beaux Jardins
Bachus & l'Amour s'uniſſent,
Tous deux ils rempliſſent
Nos heureux deſtins ;
Le doux fruit d'Automne
Que Bachus nous donne
Prépare nos Cœurs
Aux plus vives ardeurs,
Et l'Amour enſuite
Aiſément profite
Des troubles confus
Commencez par Bachus.

On danſe.   F

POMONE & TRITON *s'adreſſant à Thérone.*
Volez Zéphirs, volez ſur ce Rivage,
Soyez témoins d'un triomphe éclatant;
Qu'il eſt doux pour un cœur conſtant
De fixer un Amant volage.

POMONE *à Thérone.*
Que tout chante ici vos plaiſirs,
Que tout chante votre victoire.

TRITON *à Thérone.*
L'Amour en vous comblant de gloire
Vouloit couronner vos ſoupirs.

ENSEMBLE.
Volez Zéphirs, volez ſur ce rivage,
Soyez témoins d'un triomphe éclatant,
Qu'il eſt doux pour un cœur conſtant
De fixer un Amant volage.

On danſe.

TRITON.
La Mer eſt la parfaite image
Des inconſtances de l'Amour.

CHOEUR.
La Mer eſt la parfaite image
Des inconſtances de l'Amour.

TRITON.
Le calme ſuit de près l'orage,
L'orage le ſuit à ſon tour.

CHOEUR.
La Mer est la parfaite image
Des inconstances de l'Amour.
TRITON.
L'on se quitte, l'on se rengage
Quelquefois dans le même jour.
LE CHOEUR.
La Mer est la parfaite image
Des inconstances de l'Amour.

On danse,
& on reprend le
grand Chœur
ci-dessus.

Goutez à chaque instant une douceur nouvelle,
Tendres Epoux vivez en paix,
Que votre ardeur soit éternelle,
Que les plus doux plaisirs couronnent vos souhaits,
Et que de ses faveurs l'Amour comble à jamais
Une flâme si belle.

F I N.

APPROBATION.

J'Ay lû par ordre de Monseigneur le Garde des Sceaux, *Les Amours de Protée, Balet*, & la lecture de cet Ouvrage m'a fait esperer beaucoup de la Representation. Fait à Paris ce 10. May 1720. Signé, HOUDAR DE LA MOTTE.

De l'Imprimerie de JEAN-BAPTISTE LAMESLE, ruë de la Huchette, à la Minerve. 1720.

PRIVILEGE DU ROY.

LOUIS par la grace de Dieu Roi de France & de Navarre : A nos amés & féaux Conseillers les gens tenans nos Cours de Parlement, Maîtres des Requêtes ordinaires de notre Hôtel, Grand Conseil, Prevôt de Paris, Baillifs, Sénechaux, leurs Lieutenans Civils, & autres nos Justiciers qu'il appartiendra, Salut. Les Sieurs Besnier Avocat en Parlement, Chomat, Duchesne, & de la Val de S. Pont, Bourgeois de notre bonne Ville de Paris, Nous ont fait remontrer qu'en consequence de l'Arrêt de notre Conseil du 12 Decembre 1712 du Traité fait entre eux & les Sieurs de Francine & Dumont le 24 desd. mois & an, & de nos Lettres Patentes du 8 Janvier ensuivant, confirmatives du Traité, ils auroient acquis le Privilege de faire representer les Opera durant le tems de vingt années, à compter du 20 Août 1712, ainsi que le Privilege de la vente des paroles desd. Opera, lesquelles ils desireroient faire imprimer pour les donner au Public, s'il Nous plaisoit leur accorder nos Lettres de Privilege sur ce necessaires. A CES CAUSES desirant favorablement traiter les Exposans, attendu les charges dont l'Académie Royale de Musique se trouve oborée &, les grandes dépenses qu'il convient de faire, tant pour l'impression, que pour la gravure en taille-douce des planches dont ce Livre sera orné, Nous leur avons permis & permettons par ces Presentes de faire imprimer & graver les Paroles & la Musique de tous lesd. Opera qui ont étés ou qui seront representées par l'Académie Royale de Musique, tant séparément, que conjointement, en telle forme, marge, caractere, nombre de volumes, & de fois que bon leur semblera, & de les faire vendre & débiter par tout notre Royaume pendant le tems de dix-neuf années consecutives, à compter du jour de la datte desdites Presentes. Faisons défenses à toutes personnes de quelque qualité & condition qu'elles puissent, être d'en introduire d'impression étrangere dans aucun lieu de notre obéïssance, & à tous Imprimeurs, Libraires, Graveurs, & autres, d'imprimer, faire imprimer, vendre, faire vendre, débiter, ni contrefaire lesdites impressions, planches & figures, en tout ni en partie, sans la permission expresse & par écrit desd. Sieurs Exposans, ou de ceux qui auront droit d'eux, à peine de confiscation des exemplaires contrefaits, de six mille livres d'amende contre chacun des contrevenans, dont un tiers à Nous, un tiers à l'Hôtel-Dieu de Paris, l'autre tiers ausdits sieurs Exposans, & de tous dépens, dommages & interêts, à la charge que ces Presentes seront enregistrées tout au long sur le Registre de la Communauté des Imprimeurs & Libraires de Paris, & ce dans trois mois de la datte d'icelles ; que la gravure & impression desdits Opera sera faite dans notre Royaume, & non ailleurs, en bon papier & en beaux caracteres, conformément aux Reglemens de la Librairie ; & qu'avant de les exposer en vente, il en sera mis deux Exemplaires dans notre Bibliotheque publique, un dans celle de notre Château du Louvre, & l'autre dans celle de notre trés-cher & feal Chevalier Chancelier de France le Sieur Phelypeaux Comte de Pontchartrain, Commandeur de nos Ordres, le tout à peine de nullité des Presentes. Du contenu desquelles voumandons & enjoignons de faire joüir lesdits Sieurs Exposans, ou leurs ayans cause, pleinement & paisiblement, sans souffrir qu'il leur soit fait aucun trouble ou empêchement. Voulons que la copie desdites Presentes, qui sera imprimée au commencement, ou à la fin desd. Opera, soit tenuë pour duëment signifiée, & qu'aux copies collationnées par l'un de nos amés & feaux Conseillers & Secretaires foi soit ajoûtée comme à l'Original. Commandons au premier notre Huissier ou Sergent de faire pour l'execution d'icelles tous actes requis & necessaires, sans demander autre permission, & nonobstant Clameur de Haro, Charte Normande, & Lettres à ce contraires : Car tel est notre plaisir. DONNÉ à Versailles le 20 jour d'Août l'an de Grace 1713, & de notre Regne le soixante-onziéme. Par le Roi en son Conseil. Signé, BESNIER, avec paraphe, & scellé.

Nous avons cedé à M. Ribou le present Privilege, suivant le Traité fait avec lui le 17 Juillet dernier 1713. A Paris le 22 Août 1713. Signé, BESNIER.

Registré sur le Registre avec la Cession n. 3. de la Communauté des Libraires & Imprimeurs de Paris, page 648. n. 731. conformément aux Reglemens, & notamment à l'Arrêt du 3 Août 1703. Fait à Paris ce 11 Septembre 1713. L. JOSSE, Syndic.